# En route, papillons!

**Bertrand Gauthier**

Illustrations : Marie-Claude Favreau

Directrice de collection : Denise Gaouett

**Éditrice**
Johanne Tremblay

**Réviseure linguistique**
Nicole Côté

**Directrice artistique**
Hélène Cousineau

**Couverture**
Isabel Lafleur

**Conception graphique
et édition électronique**
Isabel Lafleur

© ÉDITIONS DU RENOUVEAU PÉDAGOGIQUE INC., 2008
Tous droits réservés.

 On ne peut reproduire aucun extrait de ce livre sous quelque forme ou par quelque procédé que ce soit — sur machine électronique, mécanique, à photocopier ou à enregistrer, ou autrement — sans avoir obtenu, au préalable, la permission écrite des ÉDITIONS DU RENOUVEAU PÉDAGOGIQUE INC.

Dépôt légal – Bibliothèque et Archives nationales du Québec, 2008
Dépôt légal – Bibliothèque et Archives Canada, 2008

Imprimé au Canada        234567890  EMP  09
                         11402 ABCD  PSM16

**Catalogage avant publication de Bibliothèque et Archives nationales du Québec et Bibliothèque et Archives Canada**

Gauthier, Bertrand
  En route, papillons !
  (MINI Rat de bibliothèque ; 10)
  Pour enfants de 4 à 6 ans.
  ISBN 978-2-7613-2387-1

  I. Favreau, Marie-Claude. II. Titre.
  III. Collection : MINI Rat de bibliothèque (Saint-Laurent, Québec).

PS8563.A847E5 2008        jC843'.54        C2007-942009-5
PS9563.A847E5 2008

Maia joue sur la plage.

Un papillon se pose sur Maia.

Un autre 🦋 se pose sur Maia.

Maia vole avec les  .

Maia survole la forêt.

Maia survole la ville.

Maia survole la montagne.

Maia survole la mer.

Maia est un  .

Maia est une étoile filante.

Maia fait le tour de la Terre.

Maia revient sur la plage.

Maia court vers son papa.

— Papa, papa ! La Terre est ronde comme mon ballon.